LES
PETITS MARTYRS

— MENDIANTS ET PROSTITUÉES —

PAR

GEORGES BERRY

PRÉFACE DE

JULES SIMON
de l'Académie française

PARIS

G. CHARPENTIER ET **E. FASQUELLE**, ÉDITEURS

11, RUE DE GRENELLE, 11

—

1892

Tous droits réservés.

GEORGES BERRY

LES

PETITS MARTYRS

MENDIANTS

ET

PROSTITUÉES

PRÉFACE

PAR

JULES SIMON

de l'Académie française

PARIS

G. CHARPENTIER ET E. FASQUELLE, ÉDITEURS

11, RUE DE GRENELLE, 11

—

1892

A MONSIEUR GEORGES BERRY,

La nature nous a imposé une longue et débile enfance. Pendant les premières années de la vie, nous sommes dans l'incapacité absolue de pourvoir à nos besoins et de nous défendre contre la foule de nos ennemis vivants ou inanimés. Nous avons alors pour protecteurs et pour fournisseurs nos parents. Ils nous donnent la vie tous les jours.

Non seulement ils pourvoient à nos besoins actuels; mais ils songent à nos besoins futurs, et s'efforcent d'éclairer notre esprit, de former notre volonté, et d'exercer notre corps, pour l'époque, où émancipés de leur tutelle, nous serons chargés nous-mêmes de nous-mêmes.

Beaucoup de parents oublient l'avenir, et se croient quittes envers leurs enfants pourvu qu'ils sauvent le quart d'heure.

C'est contre eux, je me trompe, c'est pour eux, qu'on a fait la loi sur l'instruction obligatoire, et les lois qui fixent l'âge d'admission des enfants dans les manufactures. J'ai écrit il y a plus d'un demi-siècle, un livre intitulé : L'ouvrier de huit ans. *M. Blanqui, M. Villermé avaient réclamé, avant moi, contre l'ouvrier de six ans. Les parents ne se croyaient pas homicides; au contraire; c'est par tendresse qu'ils sollicitaient l'entrée de leurs enfants dans les ateliers · ils ne voyaient que le pain de la journée ; ils ne se rendaient pas compte de l'anémie, de la faiblesse organique, contractée par suite de cette immobilité éternelle, de cet air lourd et empesté, de cet assujettissement à deux ou trois mouvements mécaniques qui remplissaient toute la vie. La loi a fait deux choses : elle a reculé l'époque du recrutement des ateliers, elle a créé, pour les expectants, des crèches, des asiles et des écoles. Il s'en faut qu'elle ait fait tout ce qu'elle peut faire, tout ce qu'elle doit faire.*

Mais à côté des parents imprévoyants, dont l'excuse est dans leur imprévoyance même, et dans leur misère, sont deux sortes de parents criminels : les uns qui tuent leurs enfants pour s'en débarrasser ; les autres qui les élèvent pour les exploiter. De ces deux catégories il est difficile de dire quelle est la plus nombreuse et quelle est la plus odieuse.

Je suis persuadé que le nombre d'enfants tués est immense.

Il y a d'abord les avortements, qui sont, quoi qu'on en dise, des assassinats ; il y a les dissimulations de grossesses, qui sont absolument meurtrières ; il y a toute la foule des filles-mères, lâchement abandonnées par le séducteur, chassées par leur maître et mourant de faim et de froid à la porte des établissements hospitaliers.

Puis vient la funèbre série des infanticides, des abandons d'enfants et des faiseuses d'anges.

Des écrivains autorisés, s'appuyant sur de nombreuses statistiques, disaient dernièrement que nous perdons chaque année, cent cinquante mille unités. Quelle erreur ! Ils ne comptent que les avortements poursuivis, les infanticides constatés ; nul n'a le chiffre des crimes secrets. Le carnage parmi les enfants à naître et les nouveau-nés ne peut pas s'évaluer, par année, à moins de cinq cent mille. Quand un enfant illégitime échappe à la mort, on peut presque dire que c'est par miracle.

Vous vous occupez, Monsieur, de ceux qui survivent, et qui vont être exploités par la mendicité. La mendicité est passive ou active : passive, quand on se borne à les montrer pour exciter la pitié ; active quand on les condamne au rôle de phénomène, à celui de voleur, ou à ce rôle odieux que je n'ose pas même nommer. Vous êtes allé, de votre personne, dans des bureaux de nourrices et chez les entremetteuses, dont le commerce consiste à louer des enfants au jour ou à la nuit. Une femme tient un enfant dans ses bras ; elle se fait suivre par deux ou trois autres, attachés à ses vêtements. C'est une pauvre veuve, dont la famille va mourir si vous ne venez à son secours.

Mais, ce n'est pas une veuve, ce n'est pas une mère, ce n'est pas une femme, ce n'est pas une créature humaine.

Elle s'est procuré cette famille dans les lieux où on pratique la traite des enfants, plus criminelle que la traite des nègres. Je dirai seulement, pour montrer l'horreur de son commerce, qu'elle a besoin d'exhiber des enfants souffreteux. Plus l'enfant est malade, plus il rapporte.

On voudra lire les histoires que vous racontez, des petits voleurs et des prostituées précoces. Vous pensez avec raison qu'il faut raconter ces misères, en remplir les yeux et l'imagination des pessimistes et des indifférents ; leur montrer la double armée de la mort et du vice, dans les assauts furieux qu'elle ne cesse de livrer à la société humaine ; qu'il est grand temps de nous arracher à la sécurité funeste dans laquelle nous avons dormi.

L'évolution dormait autrefois, à présent on voit et on tremble. C'est un grand progrès auquel vous aurez l'honneur d'avoir contribué.

Il s'agit de chercher des remèdes. Nous avons créé la société du sauvetage de l'enfance, qui rend de grands services. Mais que voulez vous? notre budget, formé de dons volontaires, ne s'élève pas, pour 1892, à plus de 250,000 francs. Deux cent cinquante mille francs! Que voulez-vous faire avec cela contre deux armées? Il faut que l'État intervienne par une pénalité

1.

terrible, par une police exercée et inflexible, et par d'énormes sacrifices. L'argent qu'il donnera sera placé à gros intérêt, puisqu'il lui rapportera des vies humaines.

Vous le demandez, Monsieur, et tous les gens de cœur avec vous, au nom de l'humanité et de la patrie.

Agréez l'assurance de mes meilleurs sentiments.

Jules Simon.

Paris, le 14 mars 1892.

LES

PETITS MARTYRS

(MENDIANTS ET PROSTITUÉES)

I

La mendicité professionnelle invente mille moyens
de surprendre la bienfaisance. Les faux manchots font
concurrence aux faux culs-de-jatte; les faux paralytiques
disputent leur pain quotidien aux faux aveugles; c'est à
qui, parmi ces exploiteurs de la charité, se fera le plus
repoussant et le plus infirme pour attirer la pitié des
passants, lesquels, il faut bien l'avouer, par leurs
aumônes données d'une façon isolée et irréfléchie, en-
couragent ces escrocs de la bonté publique.

Mais cette exploitation, qui n'est que délictueuse,
devient criminelle lorsqu'elle se sert des enfants pour
escroquer le public, exposant ces petites créatures aux
nuits froides, au vent malsain, au jeûne cruel; lorsqu'elle prend de pauvres innocents, qui devraient être
sacrés par la chaste et pure enfance. pour les jeter en
pàture à l'immonde prostitution; lorsqu'elle atrophie,
en un mot, pour quelques pièces d'or, le moral et la
santé de centaines de jeunes victimes.

Et, quand je parle de centaines de victimes, je n'exa-
gère rien, j'ai pour preuve de mon affirmation ce

tableau officiel qui m'a été fourni par la Préfecture de police :

ANNÉES	MINEURS AU-DESSOUS DE 16 ANS arrêtés pour mendicité.	MINEURES AU-DESSOUS DE 16 ANS arrêtées pour faits de prostitution.
1880	337	1,792
1881	350	1,111
1882	278	1,401
1883	253	1,499
1884	221	1,391
1885	398	1,232
1886	471	1,065
1887	538	888
1888	425	909
1889	384	1,178
1890	385	1,266
TOTAUX	4,040	13,732

En présence de l'éloquence de ces chiffres, on reste interdit, et on sent plus que jamais combien il serait utile d'entraver le développement d'un pareil commerce.

Ainsi, pendant dix ans seulement, les agents ont arrêté dix-huit mille enfants lancés sur la voie publique avec mission de mendier ou de se prostituer, et au besoin, sans doute, de faire, suivant les circonstances, les deux métiers à la fois: c'est-à-dire qu'on peut, sans crainte d'être taxé d'exagération, étant donnée l'insuffisance du personnel policier, affirmer que, pendant ces dix ans, le chiffre des mineurs qui se sont livrés à la mendicité et à la prostitution s'est élevé au moins à trente ou quarante mille.

Comment a-t-on pu former une bande aussi considérable de petits coureurs de rues? D'où sortent-ils? Quel milieu les a produits? Qui a aidé à leur éclosion?

Ce sont autant de questions que nous allons examiner, sans oublier la partie la plus importante de notre travail, qui a pour but de trouver des remèdes à cette grande maladie humaine.

Je sais combien il est difficile de guérir de semblables
plaies sociales; mais les découvrir est déjà un pas vers
la guérison, et à cette première tâche nous ne faillirons
pas.

II

Ceux qui font métier de mendier n'attendent pas
longtemps pour utiliser l'enfant; et le bébé a à peine
quelques jours, qu'on songe déjà à en tirer parti.

C'est aux nourrices qu'on s'adresse d'abord.

Les filles-mères auxquelles l'*accident* est survenu en
province s'abattent, par troupe, à Paris, pour y trouver
le nourrisson qui leur permettra de ramasser la dot avec
laquelle elles se procureront un mari.

Mais, en attendant la place convoitée, il faut vivre, il
faut les trente sous quotidiens exigés par les placeurs
pour obtenir un coin dans le dortoir commun.

Dès lors, on comprend que ces filles-mères soient
une proie recherchée par les mendiants, qui exhibent
des enfants aux soupeurs de nos cabarets ou aux fidèles
des églises, et qui leur paient la location de ces petits
jusqu'à 2, 3 et même 4 francs par nuit, suivant les
époques.

Sans vouloir donner des indications qui pourraient
porter atteinte aux membres d'une corporation esti-
mable, je dirai simplement que j'ai vu de ces marchés
se conclure dans des boutiques voisines des bureaux de
nourrices.

Je ne viens certes pas affirmer que les directeurs ou
directrices de ces bureaux soient mêlés à ce trafic;
cependant, je ne peux m'empêcher de constater qu'ils
ferment tout au moins les yeux d'une façon regrettable,
car il est impossible d'admettre qu'ils ne s'aperçoivent
de rien, puisque les loueuses d'enfants sont obligées
de ramener ceux-ci à leurs mères, dans le dortoir.

Quelles que soient les responsabilités de chacun, il
est certain que cela est très triste, et d'autant plus

triste que les enfants auxquels on ne craint pas d'exposer de pareilles promenades nocturnes, meurent dans une proportion de 30 ou 40 p. 100 avant le retour dans leurs départements.

Il est vrai que personne ne pleure leur mort, qui n'empêche même pas le placement de la mère à laquelle une amie complaisante prête alors son nourrison, pour l'entrevue avec le bourgeois.

Mais ne nous attendrissons pas trop en commençant, la suite nous en réservant bien d'autres, et constatons que, dans tous les cas, l'embauchage de ces mignons se fait par les soins de l'*Intermédiaire*, que nous allons rencontrer, hélas! dans toutes les affaires du même genre, et qui, il faut le reconnaître, accoste souvent aussi, dans la rue, les nourrices, pour leur faire des offres directs, en vue de la location de leurs petits.

Après les nourrices, les chiffonniers sont aussi d'une exploitation facile. En effet, combien n'y a-t-il pas à faire avec ces pauvres biffins qui errent, la nuit, à l'aventure, ramassant du chiffon, juste de quoi ne pas mourir de faim?

S'adressant à ces malheureux dépouillés par des propriétaires qui, en leur affermant 1 et 2 francs par jour des baraques en planches, gagnent 60 et 80 p. 100, les chercheurs d'enfants à exploiter s'offrent à payer, pour eux, la semaine en retard, à la condition qu'on leur confiera, le petit ou la petite, dont d'ailleurs les parents ne peuvent s'occuper pendant qu'ils vont chiffonner, et qui sera rentré au logis aussitôt qu'eux-mêmes.

Évidemment, l'intermédiaire dont s'agit avoue aux parents que leurs enfants devront servir d'instruments de travail à des mendiants; mais, leur dit-il, si les soirées sont bonnes, vous n'aurez plus à vous occuper de votre loyer dans l'avenir.

Devant un semblable espoir, personne ne résiste aux propositions de ce bienfaiteur, et, tous les soirs, la cité entière descend dans le centre de Paris.

Les enfants qui sont prêtés par les biffins sont, en général, âgés de deux à cinq ans.

Car, quelle que soit la misère de la famille, les chiffonniers ne louent guère leurs marmots qu'autant qu'ils ont quitté le sein et qu'ils marchent seuls.

Les gamins pris dans cette catégorie sont ceux qu'on peut voir aux côtés des mendiantes, se cramponnant à leur bras et à leur robe.

En dehors de la loueuse et de l'intermédiaire, il y a les parents qui exploitent eux-mêmes leurs enfants, et, triste constatation, ce ne sont pas ceux-ci qui sont les mieux traités.

En effet, le père et la mère ne se gênent pas pour les faire crier à propos, et on ne connaît pas tous ceux qui les estropient afin qu'ils soient d'un bon rapport.

Je détache, à ce sujet, quelques lignes d'une étude lue à la Société de sauvetage de l'enfance, il y a quelques mois :

« Un des faits les plus terribles qu'on connaisse est celui-ci : F... V...., âgé de cinq ans, forcé à mendier, fut ainsi martyrisé : son père le saisit par la tête, fait une natte de ses cheveux à laquelle il attache une corde. Puis, après lui avoir imposé les pires tortures, il le suspend à l'intérieur d'un puits.

« Il l'y laisse durant une heure ; mais, craignant d'être allé trop loin, il le retire et le jette dans les foins où, peu après, une voisine le trouve endormi. On l'éveille, on le questionne ; hélas ! il est atteint d'une paralysie de la langue, et ce n'est que bien plus tard qu'il put dire : « Je ne pouvais crier, parce que j'entendais mes cheveux craquer ! »

« Un autre, au moment de sa dentition, reçoit, des mains de ses parents, de tels coups sur la tête, que ses dents ne poussent plus droit, traversent la langue et se dirigent vers la gorge, qu'elles éraflent.

« Cette fois, c'est une fillette, Marie D..., orpheline de père ; sa mère s'étant remariée, son parâtre exigeait d'elle qu'elle mendiât. Il la frappait à tel point qu'elle en avait perdu toute lucidité. Elle manquait de pain et se trouvait dans un état de malpropreté hideux. L'homme, ivrogne, vendait jusqu'aux chemises que des dames charitables donnaient à la pauvre petite. Les parents ont, finalement, été déchus de leurs droits, et l'Union française pour le sauvetage de l'enfance l'a recueillie. »

Voici un autre récit que je prends dans la *Gazette des tribunaux* et qui mérite d'être signalé.

« La femme T... qui fait mendier son jeune garçon, satisfaite de la recette de ce petit boiteux (car il boite, ce malheureux, et, *depuis quand?*) envoya le gamin acheter du sucre. En route, il paraît que le commissionnaire en mangea quelques morceaux.

Pour le punir, la femme lui infligea une correction au cours de laquelle l'enfant la mordit.

La mégère riposta immédiatement en lui faisant une dizaine de morsures et des morsures telles que chacune fit jaillir le sang.

On accourut aux hurlements de douleur poussés par l'enfant et la marâtre fut arrêtée. »

Existe-t-il des châtiments assez sévères pour ces parents dont aucun mot ne pourrait qualifier la conduite?

Et ne sont-ce pas des peines bénignes et n'ayant aucun rapport avec de telles actions, que celles édictées par les lois actuelles?

D'autant plus que, toujours, la façon d'opérer des mendiants qui traînent avec eux des bambins est criminelle au premier chef.

Où les rencontrons-nous, en effet, ces enfants?

Entre onze heures et demie et minuit et demie, aux abords des théâtres ;

Entre une heure et quatre heures du matin, près des restaurants de nuit ;

La veille de Noël, aux environs des églises ou sur les marches mêmes de ces églises, quand elles ne sont pas la propriété d'un mendiant à l'aise ;

Pendant les fêtes du carnaval, à la sortie des bals masqués ;

Au moment du jour de l'an, à côté des baraques des boulevards ;

En un mot, partout où l'on s'amuse et partout où l'on prie, parce que ceux qui viennent de s'amuser, comme ceux qui viennent de prier, obéissant chacun à deux sentiments opposés, s'apitoient facilement sur les misères humaines ; mais, toujours exposés aux temps les plus froids et les plus humides, temps qui attirent sur les enfants l'attention des gens sensibles et compatissants.

Et encore ces bourreaux de l'enfance ne se contentent-ils pas de laisser grelotter, pendant des heures, leurs petits martyrs sous une porte cochère ou sur une marche d'église !

Quand la recette ne va pas, la mendiante change quelquefois de place deux ou trois fois dans une nuit, traversant, au besoin, tout Paris, en traînant derrière elle les pauvres mignons qui souvent, ne pouvant plus marcher, tombent sur les mains et sur les genoux.

A ce propos, je me rappelle une scène à laquelle j'ai assisté et qui appuie bien ce que je viens de dire.

Une nuit d'hiver de l'année 1889, je revenais d'une maison de la rue de Sèvres où j'étais allé en soirée, lorsque passant rue Bonaparte, il était environ trois heures du matin, j'entendis des cris déchirants poussés par une voix d'enfant.

Je courus à l'endroit d'où partaient ces cris (c'était en face du n° 24), et je me trouvai en présence d'une femme jeune encore, qui cachant quelque chose avec sa robe, m'intima l'ordre de passer mon chemin, et de me mêler de ce qui me regardait.

Comme on pense bien, je ne me laissai pas intimider, et l'ayant poussée de côté malgré sa grosse colère et toutes ses protestations, je saisis dans mes bras le martyr qu'elle cachait et qui pouvait avoir de quatre à cinq ans.

Le mignon saignait aux deux genoux, il avait, disait-il, été traîné sur eux depuis le quai, parce qu'il refusait de marcher, étant trop las pour continuer sa route.

La mendiante qui s'était remise un peu de cette intervention inattendue, semblait vouloir reprendre l'offensive, lorsque heureusement parurent deux gardiens de la paix dont la vue suffit pour faire disparaître dans la nuit cette misérable.

Le petit emmené au poste, nous raconta que depuis onze heures, il avait été conduit boulevard Saint-Martin, rue du Faubourg-Montmartre, et qu'il devait finir sa promenade au Palais du Luxembourg où il y avait grande réception, cette nuit-là.

L'enfant donna exactement l'adresse de ses parents — des repasseurs de couteaux — qui furent loin de nous remercier, et qui certainement, reconfièrent, dès le lendemain, le bambin à la même mendiante.

Lorsqu'on a eu la douleur d'assister à de pareils spectacles, on comprend mieux quel crime horrible ces misérables commettent au nom d'une prétendue pauvreté, et le devoir s'impose de poursuivre par tous les moyens possibles la fin de semblables cruautés.

Et, on peut dire même que les victimes qui ont la chance de mourir dès le début, ne sont certainement pas les plus à plaindre.

III

L'exploitation de l'enfant, en effet, entre dans une nouvelle phase lorsque celui-ci atteint ses cinq ans.

On ne s'en sert guère plus à cet âge pour attirer la pitié des passants. On pense qu'il a besoin de s'adresser autrement que, par des cris, à l'attention des promeneurs.

Les petits exploités deviennent alors musiciens ou marchands de fleurs.

Occupons-nous d'abord des musiciens lancés dans Paris par des entrepreneurs dont la plupart sont Italiens. Ces professeurs exploiteurs habitent surtout la rive gauche, rue Saint-Séverin, rue Linné, rue Saint-Victor. et aussi à Montmartre, rue Ramey et rue Clignancourt.

La présentation d'un seul de ces types suffira pour faire connaître les autres, car tous sont taillés sur le même modèle.

C'est rue Saint-Séverin que professe celui que je veux vous montrer. et que je n'ai pu aborder qu'après maintes tentatives infructueuses. et grâce à l'obligeance de son restaurateur qui voulut bien le prévenir qu'un cafetier avait besoin de son concours pour organiser un concert d'ouverture dans une brasserie.

Par ce subterfuge, j'obtins d'être reçu chez M. Antonio (c'est le nom de ce maëstro pour enfants). Je fus introduit dans une grande salle servant de cuisine, de chambre à coucher et de salon de répétition. Une quinzaine d'artistes étaient assis par terre. L'aînée, une petite fille, pouvait avoir de dix à onze ans, et le plus jeune, un petit garçon, avait à peine cinq ans.

A mon entrée tout ce monde se leva, et c'est à qui chercha à me montrer son talent de chanteur et de musicien.

J'en louai six, moyennant la somme de 30 francs, pour mon prétendu concert.

M. Antonio s'excusa de me demander un prix aussi élevé : « mais, ajouta-t-il, les familles de ces enfants sont si pauvres qu'il me faut toujours avoir l'argent au bout des doigts pour garder mes artistes. »

Comme je payai sans difficulté, le maître voulut bien consentir à me donner rendez-vous, deux jours après, dans un café, où la troupe devait aller faire de la musique.

Je n'eus garde d'oublier l'heure indiquée, et pendant un entr'acte ayant attiré à l'écart la petite de onze ans et ayant pu l'interroger loin de l'œil scrutateur de M. Antonio, voici ce que j'appris d'elle :

Fille d'une mère infirme, demeurant rue Thouin, et d'un père qu'elle n'avait jamais connu, dès l'âge de six ans, elle était devenue l'élève d'un musicien ambulant, M. Octave, de la rue du Cardinal-Lemoine, qui lui donnait chaque soir vingt à vingt-cinq sous sur les recettes qu'elle faisait dans les cafés et brasseries.

A huit ans, elle avait été souillée par un ami de M. Octave et, comme elle avait pleuré et raconté la chose à sa mère, celle-ci l'avait enlevée de chez M. Octave, pour la confier, sur le conseil d'une voisine, à M. Antonio qui lui promit trente sous par jour.

Elle me raconta qu'elle n'avait jamais eu à se plaindre de ce nouveau *maître* (*sic*), elle lui reprochait seulement de lui imposer des séances trop longues et trop fatigantes.

Il fallait littéralement arracher les mots à cette petite fille qui avait toujours peur de se compromettre et qui me jura, à plusieurs reprises, qu'elle était restée sage depuis son premier accident, alors que tout dans son maintien, dans ses gestes et dans sa parole, démentait cette affirmation.

Elle me dit aussi que de huit heures à minuit chaque troupe d'enfants se composant de cinq ou six artistes entrait dans neuf ou dix brasseries, et qu'il était bien rare que chacune ne rapportât pas dix-huit et même vingt francs à la masse commune.

On voit que M. Antonio, qui possédait quinze élèves, gagnait environ trente francs par jour, sans compter les profits cachés.

Ce professeur n'envoie pas sa troupe jouer dans les cours.

Et cependant cette exploitation est très lucrative en même temps qu'intéressante à connaître.

On y emploie plus les garçons que les filles qui, avec leurs robes trop souvent couvertes de boue, n'exciteraient guère la générosité des auditeurs-spectateurs.

Mais, quoi qu'il en soit, les recettes de ces coureurs de rues sont, comme je viens de le dire, très bonnes, surtout dans les cités où il est bien rare que de chaque étage ne tombe pas quelques sous sur le pavé.

Aussi, depuis sept ou huit ans, les chanteurs, en plein air, ont-ils augmenté dans de grosses proportions.

C'est surtout depuis 1886 que s'est accru notablement le nombre des enfants qui chantent dans les cours et, la plupart, chose triste à révéler, ont appris leurs chansons en écoutant, sur l'ordre de leurs familles, les chanteurs des rues.

Il m'a été donné de voir et d'interroger beaucoup de ces petits musiciens ou chanteurs, et j'ai dû constater qu'ils étaient, en grande partie, phtisiques. C'est d'ailleurs le résultat auquel ils sont le plus sûrs d'atteindre.

Et, en effet, un de mes amis spécialiste pour les maladies de poitrine, me disait, que dans son service, sur cent enfants atteints de cette maladie, il y en avait au moins trente ou trente-cinq qui déclaraient appartenir à cette corporation.

A côté de cette catégorie de malheureux se placent immédiatement les enfants qu'on promène en province, l'hiver, dans les foires ou fêtes, l'été, dans les stations balnéaires.

Tandis qu'à Paris les chefs de troupe n'accompagnent que très rarement leurs élèves dans les tournées, les cheminaux, au contraire, sont plus nombreux que les bambins qu'ils conduisent, et qui sont bien, ceux-là, les plus à plaindre de tous les jeunes mendiants.

Car, lorsque les autres trouvent, au moins, à la suite de leurs fatigues de quoi apaiser leur faim et un lit pour se reposer, ceux-là, par les plus grosses pluies, attendent, l'estomac creux, à la porte des cabarets, que les maîtres aient fini leur partie ; et quand, après avoir grelotté, pendant plusieurs heures, ils sont enfin emmenés par leurs conducteurs, c'est le plus souvent dans un fossé et, aux bons jours, dans une grange qu'ils trouvent un repos à leurs quatorze et quinze heures de travail.

Et, à ce sujet, un maire de Bretagne m'a raconté, l'année dernière, une histoire assez édifiante.

Le 15 août 1890, il y avait eu fête au village de L......, et les coureurs, chanteurs, saltimbanques n'avaient pas manqué d'y figurer.

Après leur départ, le lendemain matin, le garde champêtre trouva dans un fossé une gamine de huit à neuf ans qui gisait inanimée.

Apportée chez le médecin, elle fut longtemps à reprendre connaissance et plus longtemps encore à oser parler.

Elle regardait, à chaque instant, du côté de la porte, comme si elle avait peur de voir entrer Ulysse. C'était le nom du chef de la troupe à laquelle elle était attachée.

Enfin, peu à peu rassurée, elle raconta que ses parents, des jardiniers d'Hennebont, l'avaient louée pour huit francs par mois à M. Ulysse, qui l'avait abandonnée après l'avoir assommée, parce que, s'étant foulé le pied et ayant refusé de danser sur la plage, il l'avait accusée d'avoir fait manquer la recette. Dit-elle bien toute la vérité? Personne ne le sut jamais.

Dans tous les cas, cette aventure tourna à son profit, car le maire, un brave notaire de campagne, écrivit à ses parents, leur promettant dix francs par mois s'ils voulaient lui laisser leur fille, et fit élever avec soin la jeune saltimbanque, à laquelle il est aujourd'hui profondément attaché.

D'ailleurs, les entrepreneurs qui organisent ces tournées sont en général de mauvais sujets dont le maire d'une commune veut se débarrasser et auxquels il accorde un livret de musicien ambulant, qui est tout simplement une permission de mendier et de faire mendier des enfants.

Ce sont les leurs dont se servent ces artistes improvisés quand ils en ont; et, quand ils n'en ont pas, ce sont ceux de parents, de voisins ou d'amis qu'ils louent.

Dans le même ordre d'idées, nous avons aussi les bohémiens et saltimbanques, qui traînent dans leurs voitures de petits phénomènes achetés ou volés, et qu'ils gratifient, à une heure donnée, d'une hernie ou d'une déviation de la colonne vertébrale, en leur faisant exécuter des jeux et des tours de gymnastique qui amusent le public et qui tuent les enfants.

Une statistique récente nous montre, en effet, que la moyenne de la vie de ces danseurs de corde ne dépasse pas vingt ans.

Et si je dénonce ceux qui exhibent de jeunes saltimbanques sur les places, dans les foires et fêtes publiques, je demande la même répression pour les crimes commis par les directeurs de cirques de nos grandes villes, où l'on présente des artistes de cinq ans au public, artistes dont les deux tiers meurent avant leur quinzième année, soit emportés à la suite d'une maladie prise dans leur service, soit tués immédiatement. Et ces chutes! hélas, sont quotidiennes. Quel est celui qui n'en a pas au moins une gravée dans sa mémoire?

Quant à moi, la première fois que je suis entré dans un cirque, c'était à Poitiers, j'eus la mauvaise chance, à peine assis, de voir un jeune garçon de douze ans tomber d'un trapèze sur le sol et se casser les deux jambes.

Je dois dire que, depuis ce triste spectacle, je n'ai jamais prisé ni les cirques ni leurs jeux.

Il faut que du petit au grand cette exploitation disparaisse, sans faiblesse comme sans complaisance.

Et, bien entendu, ce que je dis pour les saltimbanques, pour les cirques, je le dis aussi pour les théâtres.

Certes, je ne viens pas prétendre qu'il y a les mêmes inconvénients à exhiber un enfant sur la scène d'un théâtre, qu'à lui faire exécuter un saut périlleux dans un cirque.

Mais croyez-vous que les coulisses soient de bons professeurs de morale pour de jeunes fillettes? N'y a-t-il pas là une démoralisation complète pour elles, bien longtemps avant qu'elles aient l'âge de puberté? Et n'est-ce pas les pervertir à une époque où elles devraient encore jouer à la poupée?

Personne n'en doute. Eh bien! de quel droit, alors, autorise-t-on des directeurs de théâtre à exposer à une corruption précoce des enfants que des parents légers ou coupables louent pour toutes les besognes?

A défaut des parents, les lois doivent veiller sur les enfants et les soustraire à une débauche qui atteint le corps comme l'esprit, surtout lorsqu'elle prend sa proie avant l'heure.

Nous venons de montrer les enfants martyrisés par des musiciens, chanteurs et saltimbanques. Il nous reste, suivant notre programme, à étudier dans ce chapitre ceux qui sont exploités par des prétendues marchandes de fleurs. (Je dis marchandes parce que je n'ai jamais rencontré que des femmes se livrant à ce métier-là.)

La plupart des vendeurs et vendeuses de fleurs sont des sujets russes, polonais, polacres, israélites de naissance, qui habitent l'ancien quartier des Juifs, compris aujourd'hui dans le quartier Saint-Gervais.

Il y a néanmoins beaucoup de petites Françaises se livrant à la vente des fleurs qui demeurent dans le quartier Mouffetard et dans de vastes et noires cités à Clichy et à Saint-Ouen.

Je suis allé dans nombre de maisons qui m'avaient été indiquées sans apprendre rien de précis, pas plus des concierges que des propriétaires.

Cependant, un jour, sur le conseil d'un marchand de vin qui avait la clientèle d'une cité, je m'y présentai

comme le courtier d'une marchande de fleurs qui faisait
travailler des enfants sur les boulevards et, m'étant
assis auprès d'une table du débit, je ne tardai pas à
voir arriver les habitants de cette cité, qui me firent
des offres de services aux mêmes conditions les uns que
les autres 40 p. 100 sur le prix de la vente et 5 francs
de pièce après minuit. *Qu'ils en disaient long, ces
5 francs de pièce après minuit!!!*

Jusque-là rien de plus extraordinaire que dans les
milieux de cette espèce ; mais, où mon indignation fut
portée à son comble, c'est lorsque entraîné par une femme
dans une pièce carrée où il n'y avait pour tout meuble que
deux larges paillasses étendues par terre, j'aperçus,
gémissant sur l'une d'elles, une mignonne enfant de neuf
à dix ans, meurtrie des coups que lui avait administrés, le
matin, sa charmante mère, et que celle-ci s'écria avec
sa voix rauque de buveuse d'absinthe : « Voyez si je sais
dresser ma fille au métier : ça lui apprendra à être pares-
seuse à l'ouvrage. »

J'eus bien envie d'infliger une correction à cette marâtre ; je me retins, ne voulant pas attirer une mauvaise
affaire au marchand de vin qui m'avait si obligeamment
aidé dans ma tâche, et je partis après avoir donné quelques arrhes à tous les parents avec qui j'avais traité et
qui attendent encore la venue de l'intermédiaire le plus
facile et le plus arrangeant qu'ils aient jamais vu.

J'ai exploré le quartier Mouffetard comme Clichy et
Saint-Ouen ; mais ayant eu la bonne fortune de trouver,
il y a quelques jours, quatre ou cinq pages écrites par
M. Talmeyr à propos d'une visite qu'il fit dans ce quartier
chez une ogresse d'enfants, et ne pouvant faire une des-
cription plus saisissante et plus vraie de ce qui se passe
là-bas, je demande la permission de lui laisser la parole.

M. Talmeyr fit la visite dont je parle en compagnie
d'un ancien employé de la Préfecture de police, auquel
il donne le nom de M. Étienne, et qui, au moment où je
prends le récit, lui fait espérer qu'il pourra voir quelque
chose, rue Saint-Médard.

On ne se doute guère, commence-t-il, quand on ne connaît pas la rue Saint-Médard, de ce que peut contenir

Paris. C'est comme une cour longue plutôt qu'une rue,
comme une cité de masures qui semblent remuer de ver-
mine, et dont les croisées laissent entrevoir d'effrayants
intérieurs où il n'y a que des monceaux de chiffons contre
des murs. Les femmes vont et viennent là-dedans entre
tous ces tas, et de vieilles Italiennes, avec leurs figures de
camées déterrés, leurs bras noirs et les grands anneaux
qui leur ballottaient aux oreilles, lavaient leurs loques, à
notre arrivée, dans les flaques et les ruisseaux du pavé.
    — Bonjour la mère, dit M. Étienne en entrant dans un
de ces taudis, en s'adressant à une vieille en train de
mettre des pièces à une toile à matelas au milieu de ses
monceaux de chiffons.
    Et il ajouta brutalement, pour tâcher de l'intimider :
    — Dis-donc, tu ne connais pas des vieilles qui procurent
des petites filles aux vieux?
    Mais la vieille ne se troubla pas une seconde, nous
regarda bien de sa face méchante, et répondit simplement :
    — Je ne sais même pas si ça existe.
    Nous renouvelâmes la tentative dans les masures d'à
côté, mais on ne sembla même pas nous y comprendre, et
nous nous en allions découragés, quand mon ami poussa
une exclamation :
    — Attendez, j'ai notre affaire!... Nous saurons ça par
la cuirassière !
    Il me donna en même temps des explications sur la cui-
rassière. C'était une fille ainsi surnommée à cause de sa
taille, et qui, autrement, s'appelait Madeleine. Elle pour-
suivait d'une haine noire les femmes qui se livraient à ce
trafic horrible des enfants, les connaissait à peu près
toutes, les dénonçait à la police et ne pouvait pas en rencontrer une sans l'agoniser d'injures. La cuirassière demeu-
rait près de là, dans un garni tenu par un mastroquet, et
nous y arrivions au bout de quelques minutes. On la
demanda, nous nous installâmes avec elle devant des verres,
et c'était bien, en effet, un vrai colosse, grande et carrée
comme un cent-gardes, l'air bonasse, avec une grande
figure toute tailladée de cicatrices, une de ces figures labou-
rées qui font penser à des ventres couturés par les enfants.
    A peine eut-elle compris de quoi il s'agissait et cru sentir
qu'elle nuirait à une de ces femmes en nous renseignant
sur elle, qu'elle cligna vivement son petit œil et que toute
sa grosse poitrine s'anima. Elle se rapprocha de nous d'un
élan comme pour nous submerger d'elle-même, et nous
donna tout de suite une adresse, avec toutes sortes de
détails qu'elle entassa en bredouillant... C'était rue Lacé-

pède, au cinquième... La Martin. Une femme qui se donnait comme vendant la fleur, et qui disait que la petite était sa fille, mais ça n'était pas vrai! Et on pourrait sûrement la voir, personne n'empêcherait de monter chez elle, au contraire! Elle devait de l'argent à sa propriétaire, et sa propriétaire lui en voulait!... Et la cuirassière s'excitait contre la Martin, l'appelait de noms effroyables, parlait de lui faire son affaire, tapait du poing...

— Allons, dit M. Étienne, je te remercie, nous allons voir ça!

— Oui, s'écria-t-elle en poussant de plus en plus sur nous la grosse masse de sa poitrine, oui, oui, allez!... Et vous savez!... Vous pouvez dire que c'est moi qui vous ai donné son adresse!... La grande Madeleine, la cuirassière!... Allez! Elle me connaît!

Pour qui nous prit, en nous voyant, la propriétaire de la rue Lacépède? Je n'ai jamais songé à me le demander, mais elle jugea certainement notre visite désagréable à sa locataire. Elle tenait une blanchisserie au rez-de-chaussée de sa maison, nous toisa sans phrases d'un coup d'œil, puis ordonna à l'une de ses ouvrières qui souriait au nom prononcé par M. Etienne :

— Conduisez ces Messieurs au soixante et onze.

Nous montâmes alors dans un escalier singulier, carrelé de carreaux branlants dans les traverses de bois, envahi d'odeurs de chlore et de vapeurs chimiques, avec des multitudes de corridors s'enfonçant de tous les côtés, des portes mal jointes, par les fentes desquelles passait le jour, des paliers qui semblaient pencher sur le vide, et des passages sans clôture ouvrant sur des séchoirs où séchaient des lessives.

A la suite de l'ouvrière, dont la jupe trottait devant nous, nous escaladions étage sur étage, et l'ascension n'en finissait plus, quand elle tourna enfin dans un couloir, au sixième ou au septième, frappa contre une porte, et cria au travers :

— Madame Martin! Madame Martin!... V'là du monde pour vous!

La porte s'entr'ouvrit, et une tête de femme regarda.

— Ouvrez donc, dit l'ouvrière.

La femme se décida à nous ouvrir tout à fait. Elle avait la figure entourée d'un fichu noir, et nous introduisit dans une grande chambre. Des gravures enfantines tapissaient de tous les côtés la muraille; on y retrouvait même jusqu'au portrait de M. Carnot, mais dans une image poussée au vert, avec un teint sinistre, un grand cordon rouge sang,

un vrai portrait de pestiféré! Le jour tombait seulement
d'une tabatière, et une petite camelote de roses et de mu-
guets traînait en fouillis sur une table.

— Messieurs, vous désirez?

La crainte, l'incertitude, le trouble et le sourire avec
lesquels la femme au fichu noir nous adressa ces mots ne
s'expriment pas.

— Mais nous venons vous voir, répondit tranquillement
M. Etienne.

— Merci, Messieurs! Merci?

— Et votre petite fille?... Elle va bien?

Elle tremblait à chacun de nos mouvements, d'un
nouveau trouble, haletait d'anxiété avant chacune de
nos questions et ces derniers mots la frappèrent d'une
commotion.

Elle répondit encore, mais sur un autre ton:

— Merci, Messieurs! Merci.

Et, regardant vers le couloir qui précédait sa man-
sarde :

— Marthe! dit-elle en appelant une enfant.

Alors, on entendit du bruit dans une soupente, et une
petite fille, au bout de quelques secondes sortit comme
une apparition. Elle avait de huit à neuf ans, et avec ses
petits brodequins, de soie cramoisie, sa petite jupe bouf-
fante et claire, ses cheveux bouclés sur ses épaules, toute
sa petite toilette très propre, son petit tour de cou rouge,
et son doux petit visage où l'on voyait déjà comme une
pâleur plâtreuse, elle avait, en même temps qu'un air
d'actrice en scène, comme une tristesse et une blancheur
d'hostie.

— C'est bon, c'est bon! interrompit M. Etienne à une
invitation à nous complimenter qu'entamait déjà la mère.

Et se tournant de mon côté :

— Monsieur fait un ouvrage sur les petits métiers de
Paris, et nous voulions seulement savoir comment vous
exercez le vôtre.

Elle eut, à cette interpellation qu'elle n'attendait pas,
une expression de surprise et de terreur, dans les yeux,
mais elle se remit vite, réfléchit un instant, et répondit
d'une voix larmoyante qui semblait demander l'aumône :

— Hélas, Messieurs, hélas! nous gagnons si péniblement... Il y a la saison du lilas, la saison du coucou, la
saison du chrysanthème, et c'est maintenant la saison
de la rose et du muguet. Je vais, le matin, acheter aux
Halles, oui, Messieurs, tous les matins! Nous faisons en-
suite nos petits bouquets ici, et Marthe va les revendre le

soir à la sortie des théâtres!... Et nous ne faisons que ça, Messieurs, pas autre chose!... Oui, oui, oui, nous gagnons si péniblement.

Et elle continua ainsi quelque temps, répétant les mêmes choses, pleurant, geignant, psalmodiant...

Et j'entends toujours se lamenter sa voix, pendant que la pauvre petite restait devant nous sans bouger dans sa toilette de victime :

— Il y a la saison du lilas, la saison du coucou, la saison du chrysanthème... C'est maintenant la saison de la rose et du muguet !

On le voit, quel que soit le quartier, quelle que soit la façon dont opèrent celles que j'appelle les ogresses, partout le résultat est le même, c'est toujours le martyre de pauvres êtres dont la souffrance représente quelques sous pour ceux qui ont entrepris cette traite des blancs.

C'est l'assassinat, c'est l'infanticide toléré par le législateur et la police.

C'est encore plus, c'est la prostitution de l'enfance.

Car on a déjà compris que la musique et les fleurs ne sont là souvent que pour permettre aux entrepreneurs de concerts et de vente de bouquets, de pouvoir fournir, à l'occasion, des amusements à des vieillards en quête de sensations qu'ils ne trouvent jamais, et qui n'hésitent pas, afin de se procurer une heure de fantaisie honteuse, à souiller d'innocentes victimes, eux qui pourtant ont des petits enfants qu'ils osent embrasser en sortant de leurs orgies.

D'ailleurs ces vieux débauchés sont souvent punis d'une façon plus sensible que par les reproches de leur conscience.

On peut en juger par ce qui suit :

Il y a quelques années, on remarquait, tous les soirs, passage Choiseul, deux petites filles de onze à douze ans offrant des bouquets aux promeneurs et de préférence aux hommes âgés qui passaient par là.

Ces enfants recevaient, sans mot dire, les sous qu'on leur donnait, mais, dès que quelqu'un semblait s'intéresser à leur sort, alors les larmes inondaient leur visage, et elles racontaient au milieu des sanglots, que leur mère (car elles se prétendaient sœurs) dénuée de tout, agonisait sur un grabat.

Celui qui avait le malheur de se laisser attendrir par ce chagrin de commande ne tardait pas à s'en repentir.

Car, à peine était-il entré dans un hôtel des environs avec l'une des gamines, qu'un homme, averti par l'autre de l'endroit où se trouvait sa compagne, se précipitait dans la chambre indiquée et menaçant le monsieur d'un gros scandale, n'avait pas de peine à faire vider son porte-monnaie dans sa poche.

Que de révélations écœurantes! Que de crimes impunis!

Mais pourquoi donc les agents de la Préfecture de police ne trouvent-ils pas ce que de simples citoyens savent trouver?

Leur négligence ne les rend-elle pas complices de ces turpitudes et de ces cruautés?

On poursuit à outrance et jusqu'en Amérique de simples voleurs, et on permet l'assassinat quotidien aux marchands d'enfants, ces pourvoyeurs de la mort.

Oh! logique! Oh! justice!

IV

Si les petites musiciennes et les petites vendeuses de fleurs sont, le plus souvent, livrées à une débauche précoce, cette dépravation se cache à l'ombre d'un métier, tandis que les enfants exploités que nous allons étudier dans ce chapitre ne dissimulent pas leur profession et sont prostituées par des proxénètes, sans *harpes* et sans *corbeilles de fleurs*.

Ajoutons que cette prostitution rentre dans notre étude de la mendicité, dont la plupart du temps, elle n'est qu'une conséquence.

Les jeunes filles comprises dans la catégorie dont nous nous occupons ont de dix à seize ans. A partir de cet àge, elles deviennent, en quelque sorte, émancipées, par la loi et par l'opinion publique.

Ces mineures de dix à seize ans sont ce qui rapporte surtout aux trafiquants de chair humaine; aussi, il faut voir quelle intelligence ils développent pour offrir au public gourmet les sujets les plus divers.

Les inventions succèdent aux inventions, les ruses aux ruses, les promesses aux promesses afin de s'emparer du gibier qu'aucun chasseur n'a encore découvert.

Les petites marchandes de fleurs et les petites musiciennes sont naturellement les premières embauchées ou mieux débauchées.

Nous voyons employés à cette besogne les mêmes intermédiaires que nous avons rencontrés dans les cités, marchandant de petits chanteurs et des petites vendeuses de bouquets.

Ils vont, comme la première fois, frapper à la porte des gens que la misère étreint, et plus certains encore du succès de leurs démarches, car la famille qui a loué sa fille au professeur de musique ou au fournisseur de bouquets, a d'avance fait le sacrifice de sa vertu et est enchantée qu'elle soit enfin bonne pour le *Grand Service*, et qu'elle puisse ainsi lui apporter désormais, tous les jours, cinq et dix francs au lieu des trente et quarante sous de la veille.

Et alors ce personnel qui courait le soir, dans les cafés ou après les passants, vient s'engouffrer dans ces antres de la prostitution dont quelques-unes sont surveillées par des agents complaisants et la plupart ignorées de la police.

En effet, la Préfecture a sur ses registres l'adresse de quatre cents maisons de passe environ, alors qu'il y en a réellement plus de deux mille à Paris.

C'est là que, chaque après-midi, de deux à six heures, et le soir de neuf heures à minuit, se rendent secrètement les désœuvrés et les étrangers désireux de connaître les vices parisiens.

A ceux qui ne sont pas les habitués de la maison, on n'exhibe que des filles de quinze à seize ans; mais aux amis dont on est sûr, on confie l'éducation de pauvres mignonnes de onze et douze ans, et on réclame d'autant

plus d'argent à ces débauchés que les victimes sont plus
jeunes, sous prétexte qu'il a fallu plus de peine et plus
de dépenses pour se les procurer.

On peut juger, d'ailleurs, du nombre de ces malheureuses lorsqu'on voit qu'en 1890 1,651 mineures au-
dessous de seize ans ont été arrêtées pour faits de mendicité et de prostitution.

Mais, si les maisons de débauche prennent une grande
quantité de leurs pensionnaires parmi les musiciennes
ou chanteuses des cafés et parmi les vendeuses de fleurs,
il faut reconnaître qu'elles ont d'autres moyens de recrutement.

Les fournisseurs de ces lieux de rendez-vous s'adres-
sent, en outre, aux ateliers de modistes, de couturières
et de blanchisseuses, autour desquels ils organisent une
véritable chasse à la femme.

C'est au moment du déjeuner des apprenties et des
ouvrières que les entremetteuses essaient d'embaucher
les petites.

Elles les suivent quand elles sortent de chez les
patrons, les accostent habilement, leur offrent des frian-
dises, même le déjeuner; et lorsqu'elles les ont déci-
dées à venir prendre, après leur journée, une tasse
de thé et quelques gâteaux au lupanar, elles les ren-
voient, la soirée finie, à leur famille avec une pièce de
cinq francs.

Les jeunes ouvrières, comme bien on pense, cachent
la pièce blanche, racontent qu'on était pressé à l'atelier,
qu'elles ont été obligées de travailler jusqu'à minuit, et
que, en ce moment, elles sont averties qu'il faudra souvent veiller.

Puis, tranquilles du côté de leurs parents, elles re-
tournent, tous les soirs, dans la maison hospitalière,
jusqu'à ce que, trouvant plus facile, plus commode et
plus lucratif ce nouveau travail, elles abandonnent com-
plètement leur métier pour se livrer, jour et nuit, aux
habitués de *Madame*, qui leur donne de bons repas et
les habille de riches toilettes.

Les maisons clandestines se peuplent, encore, en
attirant chez elles les bonnes venues à Paris pour y
trouver une place et qui, grâce à la complicité de cer-

tains bureaux de placement, deviennent de véritables filles publiques.

Une histoire, d'ailleurs entre mille, vous édifiera à ce sujet.

L'année dernière, je faisais une visite à une asile de la ville de Paris où parmi les réfugiées se trouvent des filles-mères et des filles sur le point de le devenir.

Apercevant une enfant, grêle et chétive qui ne semblait pas avoir l'âge de puberté et dont la taille annonçait une grossesse de plusieurs mois, je m'approchai d'elle et je l'interrogeai.

Voici ce qu'elle me raconta.

Fille d'un ouvrier de Melun qui, devenu veuf, s'était remarié avec une méchante femme, Emma s'enfuit un jour qu'elle avait été frappée par sa marâtre plus violemment que d'habitude.

Elle vint à Paris, où une de ses tantes était vendeuse au carreau des Halles.

Celle-ci, qui avait déjà cinq enfants à son actif, ne pouvait rien pour elle: aussi l'envoya-t-elle immédiatement dans un bureau de placement de son quartier.

Le soir, Emma était casée dans une maison où elle servit beaucoup de champagne et où elle assista à des scènes peu faites pour la rassurer. Elle aurait eu d'ailleurs grand tort de ne pas être inquiète, car, pendant la nuit, un homme s'introduisit dans son lit.

Elle n'avait pas quinze ans. Le bureau de placement l'avait livrée à des entrepreneurs de débauche.

Elle resta cinq mois dans sa place ; puis, comme elle commençait à se déformer, elle fut jetée à la porte et vint échouer dans l'asile.

Le bureau de placement avait perdu cette enfant.

D'autres se livrent, elles-mêmes, à la prostitution lorsque, désespérées de ne pas trouver de travail et affolées de se réveiller vagabondes sur le pavé de Paris, elles acceptent avec reconnaissance l'hospitalité que leur offre la proxénète.

Les ateliers de peinture apportent, eux aussi, leur contingent à cette armée d'enfants dépravés.

Les entremetteurs ou entremetteuses opèrent là

comme autour des maisons de couture, de mode et de blanchisserie.

Ils vont rôder près des locaux occupés par les peintres qui ont l'habitude de se servir de modèles nus ; ils guettent l'entrée et la sortie de ceux-ci, et ils les décident presque toujours à se prêter à une seconde pose, plus lucrative que la première.

Beaucoup de ces sujets sont, à la vérité, des femmes italiennes ; mais cependant on trouve parmi elles jusqu'à 15 et même 20 p. 100 de Françaises.

Un autre danger à signaler aux petits modèles, ce sont les ateliers, dits de peinture, où l'on ne fait pas de peinture du tout.

Je sais bien que quelques écrivains ont affirmé que les parents des modèles prenaient de scrupuleux renseignements avant de confier leurs enfants aux artistes qui se présentaient chez eux.

Encore une légende dont il faut faire justice. Cette affirmation est fausse, et les mères de modèles prennent d'autant moins de renseignements que ceux qui se présentent à elles sont plus généreux.

J'ai dit au commencement de ce chapitre que les jeunes filles que nous allions y étudier ne cachaient pas leur profession en simulant un métier avouable ; eh bien, je me suis trompé, et j'ai oublié les brasseries de femmes.

Un hasard me fixa sur elles il y a quatre ans. J'étais, avec un de mes amis, à la table d'une brasserie, lorsque la femme qui servait et qui faisait la coquette avec nous, irritée de notre indifférence, se pencha à mon oreille et me dit tout bas : « Vous savez, si vous « voulez des gamines, il y en a là-haut, il y a même la « mienne, la petite Julie, une belle fille de douze ans, « et qui n'est pas la moins savante. »

Ainsi renseigné sur le commerce entrepris par certaines brasseries servies par les femmes, je dirigeai mes investigations de ce côté.

Et, grâce à des rapports de police sur la fermeture de quelques-uns de ces établissements, aussi bien en province qu'à Paris, je fus vite convaincu que trois fois sur dix, la brasserie de femmes n'est qu'une maison clandestine où on fournit aux consommateurs des mineures de tous les âges.

Et, ce qu'il y a de déplorable, c'est que le recrutement des prostituées pour brasserie est des plus faciles, car, d'un côté, les parents y louent, sans arrière-pensée, leur fille comme servante, et, de l'autre, les petites bonnes venues de province, ne se méfiant de rien, refusent rarement d'aller servir des bocks dans un café. Elles vont à la brasserie, comme elles iraient au bouillon Duval.

Et lorsque toutes ces malheureuses, depuis la marchande de fleurs et la chanteuse des rues jusqu'au modèle, ont pendant longtemps été exploitées par des patrons et des intermédiaires, il arrive, un jour, où, comprenant qu'elles ont plus d'intérêt à travailler pour leur compte que pour celui des autres, elles essaient de voler de leurs propres ailes; mais, hélas! à peine libres, l'habitude qu'elles ont prise d'avoir un maître qui les exploite, les ramène vite au pouvoir d'un souteneur qui, lui-même, a, la plupart du temps, comme beaucoup d'entre elles, touché à la mendicité professionnelle et est passé aussi par la maison publique, où il a servi de jouet à la lubricité des chercheurs de plaisirs étranges.

Celui-ci, sans doute, pour ne pas leur faire oublier le régime auquel les soumettaient leurs anciens patrons, les roue de coups, soir et matin.

Bien heureuses sont-elles encore quand il ne les enrôle pas dans une bande de voleurs ou d'assassins.

V

Après ce tableau qui donne une idée assez fidèle de l'exploitation des enfants livrés à la mendicité, il nous reste à rechercher les moyens de répression, c'est-à-dire les moyens de protéger l'enfance, tant au point de vue humain et moral qu'au point de vue social.

Car, en restreignant la mendicité enfantine, non seulement on préparera pour l'avenir de bons citoyens, non seulement on réduira dans une notable proportion les maisons de débauche, mais encore on diminuera le nombre des délits et des crimes.

Et d'abord, ce qui ressort surtout des pages qui précèdent, c'est qu'il faut supprimer l'intermédiaire, celui qui trafique de la chair humaine, celui qui traque les enfants et corrompt les parents.

Disparaisse cet intermédiaire, il y aura encore quelques fils ou filles de mendiants professionnels qui, par le malheur de leur naissance, seront dirigés vers les métiers honteux, mais certainement la plus grande quantité des enfants qui, aujourd'hui ont recours à la charité, prendront dans la vie un chemin plus honorable.

En effet, lorsque nous n'aurons plus le tentateur, le racoleur, à qui pourront s'adresser les parents disposés à tirer parti de ceux auxquels ils ont donné le jour? Et même, laissés tranquilles chez eux, la plupart ne penseront pas à ce gain immoral.

Il y a donc une nécessité absolue pour le législateur à combattre, sans trève, l'agence et les agents d'exploitation de l'enfance.

Et véritablement, je ne peux comprendre comment dans la loi de 1874, *loi relative à la protection des enfants employés dans les professions ambulantes*, on ait laissé de côté les intermédiaires et placiers, qui sont les plus grands ennemis des enfants pauvres, et qui étaient les premiers désignés à la sévérité de nos lois.

La loi a frappé les parents et tuteurs qui confient leurs enfants et pupilles aux vagabonds et mendiants, c'est bien; mais on ne peut assez regretter qu'elle ait oublié ceux qui doivent être considérés comme les auteurs principaux du délit.

Aussi, comme première réforme légale, il faut demander aux Chambres d'ajouter dans la loi un nouveau paragraphe punissant sévèrement l'intermédiaire.

De plus, il n'est pas moins nécessaire d'appeler l'attention du ministre de la justice sur les jugements rendus par les tribunaux correctionnels qui, appliquant presque toujours, dans les cas de mendicité et de vagabondage concernant l'enfance, l'article 271 du Code pénal, lequel se contente de mettre sous la surveillance de la police jusqu'à l'âge de vingt ans les vagabonds âgés de moins de seize ans ; semblant oublier qu'il existe une loi de 1874 visant les pères, mères et tuteurs des enfants exploités, et qui dit textuellement :

« Les pères, mères, tuteurs ou patrons qui auront
« livré, soit gratuitement, soit à prix d'argent, leurs
« enfants, pupilles ou apprentis âgés de moins de seize
« ans, à des vagabonds et gens sans aveu faisant métier
« de la mendicité, seront punis d'un emprisonnement
« de six mois à deux ans.
« La condamnation entraînera de plein droit, pour
« les tuteurs, la destitution de la tutelle ; les pères et
« mères pourront être privés du droit de la puissance
« paternelle. »

Ne devons-nous pas, en présence de cette loi très utile, ainsi négligée par les magistrats, inviter M. le Ministre à écrire à ses subordonnés, que, pour arrêter l'exploitation de l'enfance, il existe une répression plus efficace que celle de l'article 271 du Code pénal, tout à fait insuffisant comme remède au mal?

Un autre vœu qu'il est urgent d'émettre, à mon avis, doit consister à demander au Parlement un plus large crédit pour l'Assistance des enfants, de façon à ce que, dans tous les départements, elle puisse recueillir ceux qui se présentent à elle, abandonnés ou maltraités par les mendiants, musiciens ambulants, fleuristes d'occasion et tous autres exploiteurs de la jeunesse.

Allant même plus loin, je voudrais que tout enfant trouvé en compagnie de cette sorte de gens soit déclaré, par une loi spéciale, *moralement abandonné* et conduit d'office dans l'hospice des enfants assistés du département où il est né.

Je suis convaincu que cette mesure restreindrait considérablement la location des enfants pauvres, car les exploiteurs auraient toujours peur de se les voir enlever après les avoir payés aux parents.

Et si on m'objecte que le budget de l'Etat, déjà très obéré, ne peut augmenter dans une aussi grande proportion ses dépenses d'assistance, je répondrai que cette augmentation de crédit sera largement compensée par une diminution analogue au chapitre des prisons.

Et, à côté de cette proposition de loi, je demanderai, là encore, une circulaire, mais cette fois au ministre de l'Intérieur.

Les maires de campagne, comme je l'ai déjà indiqué dans le cours de cette étude, se débarrassent des mauvais sujets de leurs communes en leur délivrant des autorisations de chanteurs ambulants, autorisations qui servent, en même temps, pour tous les enfants qu'il leur plaît d'emmener.

Eh bien, il faut que le ministre avertisse au plus tôt les maires que les permissions pour professions ambulantes doivent être délivrées, dans de très rares exceptions, et à des estropiés intéressants, ayant généralement été blessés au service de la société ou de la patrie, et que, dans aucun cas, elles ne comportent le droit d'exploiter les enfants.

Telles sont, à notre avis, les grandes réformes urgentes qui dépendent du pouvoir législatif.

Mais, à côté, il est des moyens de protection de l'enfance qui sont du ressort de la Préfecture de police.

Pourquoi, par exemple, ne tient-elle pas la main à ce que les prescriptions inscrites sur les petits livrets de nourrices soient observées?

Pourquoi semble-t-elle n'attacher à leurs observations qu'une attention secondaire?

N'y a-t-il pas là une première mesure à prendre afin d'empêcher le racolage signalé aux abords des bureaux de nourrices?

Pourquoi M. le Préfet ne donne-t-il pas, en outre, mission à ses agents de s'opposer aux embauchages d'enfants dans les cités pauvres, et d'arrêter tous ceux qui chantent dans les cafés et vendent des fleurs sur la voie publique?

Il ne peut pas dire que cela lui est impossible ; il est suffisamment armé par la loi qui interdit aux parents de confier leurs enfants aux vagabonds, mendiants et autres gens de métiers sans nom.

Cette même loi de 1874 lui donne d'ailleurs aussi tous les droits possibles pour supprimer les exhibitions

enfantines dans les cirques, concerts et théâtres, quand
elle dit dans son article 1er :

« Tout individu qui fera exécuter par des enfants de
moins de seize ans des tours de force périlleux ou des
exercices de dislocation ; tout individu, autre que les
père et mère, pratiquant les professions d'acrobate,
saltimbanque, charlatan, montreur d'animaux, ou direc-
teur de cirque, qui emploiera dans ses représentations
des enfants âgés de moins de seize ans, sera puni d'un
emprisonnement de six mois à deux ans et d'une
amende de seize à deux cents francs. »

Ce pouvoir placé entre les mains du Préfet de police,
pouvoir que lui donne toute notre législation depuis 1790
en passant par la loi de 1833 et en arrivant à celle
de 1837, tant au point de vue de la morale mise en péril
que de la sûreté des personnes, est un pouvoir très
énergique et très efficace qui, en attendant la confection
de lois, très longues à être votées, peut dès maintenant, si l'Administration le veut, entraver l'exploitation
des enfants.

Il ne manque à la Préfecture que la volonté d'agir.

J'aurais fini, si je ne croyais pas nécessaire de comprendre parmi tous ces moyens de protection de l'enfance, la création de colonies agricoles.

N'est-ce pas, en effet, loin des villes et des grands
centres que se régénéreront plus facilement les malheureux tombés dans la mendicité et le vice?

N'est-ce pas loin des pernicieux exemples des fau-
bourgs, et assainies aussi bien au moral qu'au physique
par l'air pur et le travail vivifiant des campagnes, que
se relèveront les familles descendues jusqu'au dernier
degré de l'échelle sociale?

Les exemples nombreux qui nous sont fournis par les
peuples voisins et par les essais faits chez nous, nous
prouvent surabondamment, qu'au bout de quelque
temps, la colonie agricole inspire souvent à ses pensionnaires, le désir de se rendre utiles à la société et
détruit, par là-même, chez eux, cette idée d'appel à la
charité publique.

En un mot, l'habitude prise dans les colonies de
gagner honnètement sa vie fait une guerre impitoyable
à la mendicité, la plus grande ennemie du labeur ; et,
ce qui n'est pas à dégaigner pour la prospérité de la
France, elle rend à l'agriculture des bras et des intelli-
gences.

Aussi je ne saurais trop demander aux assemblées
départementales et communales aide, appui et protection pour ces colonies dont la création dépendra quelquefois d'une petite subvention. qui sera toujours un
capital bien placé, car ces établissements de relève-
ment social ont pour résultat immédiat de diminuer le
nombre des crimes et des délits, dans une large proportion.

Et surtout, je ne veux pas finir. sans adresser un appel
au public.

En France nous prenons trop l'habitude facile de con-
sidérer l'État comme le grand tuteur, comme celui qui
doit tout protéger, et tout diriger.

Il est temps que les membres de la société s'occupent
des affaires de cette société qui, en somme, sont les
leurs.

Prenons exemple sur ce qui se passe à l'étranger, et
organisons sans le secours du gouvernement. comme en
Allemagne, en Hollande et en Suède, les colonies dont
je parlais tout à l'heure.

Au lieu de faire l'aumône dans la rue, à des mendiants
plus ou moins indigents, les habitants de ces pays ont
réuni les sommes qu'ils réservaient, chaque année, aux
pauvres, et ont créé des établissements où l'ouvrier
malheureux trouve asile et travail.

On n'a pas, chez ces peuples, supprimé l'impôt dit du
pauvre, on a changé seulement la manière de le distri-
buer, et d'inutile qu'il était, il est devenu profitable à
ceux qui ont réellement besoin.

Qu'il en soit de même chez nous. Qu'on se persuade,
que pour être généreux, il ne suffit pas de jeter de l'argent dans la première main qu'on vous tend ; il faut
savoir secourir celui qui a véritablement faim.

Ouvrir son porte-monnaie à tout propos dans la rue
ne nous rend pas digne du nom de Philanthrope.

Quand on a de la fortune, il est facile de faire la charité. Ce qui est difficile c'est de la bien faire, et cela exige un travail d'intelligence et une activité à laquelle s'astreindre est une peine.

Aussi, y a-t-il grand mérite à bien donner et à faire bien donner en guidant la bonne volonté bienfaisante de ses amis.

Mais surtout n'oublions pas, au milieu de cette organisation charitable, la protection des enfants exploités, car supprimer l'enfance mendiante, c'est, du même coup, supprimer pour l'avenir, les mendiants professionnels, les voleurs professionnels, les criminels professionnels, les souteneurs professionnels, les prostituées professionnelles.

C'est faire du vrai socialisme, du socialisme, celui-là, avec lequel on peut améliorer sérieusement l'état social.

Et enfin, si c'est venir au secours du pauvre, c'est aussi servir le riche qui ne comprendrait rien à ses intérêts, s'il ne nous aidait pas, de tout son pouvoir, dans la tâche entreprise.

Paris. — Typographie Gaston Née, 1, rue Cassette. — 6126.

www.ingramcontent.com/pod-product-compliance
Lightning Source LLC
LaVergne TN
LVHW010434060726
842526LV00005B/1795